Amate a ti mismo

Walter Trobisch

*Autoaceptación
y depresión*

Ediciones Certeza
Box 1480
Downers Grove
Illinois 60515

Título del original inglés: **Love Yourself.**

© 1976 por Editions Trobisch, Postfach 2048, D-7640 Kehl/Rhein, Alemania.

© 1983 de esta edición en castellano, **Ediciones Certeza,** Box 1480, Downers Grove, Illinois 60515, Estados Unidos.

Tradujo al castellano: Adriana Powell
Prohibido su reproducción total o parcial
Impreso en Estados Unidos. Printed in U.S.A.

El poema "Amándome a mí mismo" por Ulrich Schaffer ha sido reimpreso con el permiso de R. Brockhaus Verlag. Título original: "Ich will dich lieben," derecho de impresión, R. Brockhaus Verlag, Wuppertal, Alemania.

EDICIONES CERTEZA es la empresa editorial para la Comunidad Internacional de Estudiantes Evangélicos.

1 ¿Me amo a mí mismo?

La joven entró en nuestra habitación en el hotel. El día anterior mi esposa y yo habíamos dado una conferencia en una de las universidades del norte de Europa. La habitación del hotel era el único lugar que disponíamos para atender consultas.

Era una hermosa muchacha escandinava. Un largo cabello rubio caía sobre sus hombros. Se sentó con mucha gracia en el sillón que le ofrecimos y nos miró con vivaces y profundos ojos azules. Sus largos brazos le permitían cruzar las manos alrededor de sus rodillas. Observamos sus dedos largos y finos, que revelaban una personalidad tierna y agradable.

"Soy una chica hermosa". Al discutir sus problemas, volvíamos una y otra vez a un factor esencial que parecía ser la raíz de todo los demás. Era lo que menos hubiéramos sospechado cuando entró a la habitación: no podía amarse a sí misma. En realidad, se odiaba tanto a sí misma que estaba a un paso de quitarse la vida.

El señalarle las aparentes ventajas que tenía —su éxito como estudiante, la impresión positiva que nos había causado por su aspecto exterior— parecía no ser de provecho alguno. Se rehusaba a reconocer algo bueno en sí misma. Temía que cualquier expresión de autoapreciación significara una tentación al orgullo, y ser orgullosa implicaría ser rechazada por Dios. Había crecido en un hogar severamente religioso y le habían enseñado que el autodesprecio es una actitud cristiana y que el autorrechazo es la única forma de ser aceptado por Dios.

Le pedimos que se pusiera de pie y se mirara en el espejo. Giró la cabeza hacia otro lado. Con una suave insistencia sostuve su cabeza para que tuviera que mirarse en sus propios ojos. Se encogió como si sufriera un dolor físico.

Llevó un largo tiempo antes que fuera capaz de susurrar, aunque poco convencida, la frase que le pedí que repitiera: "Soy una chica hermosa."

Nadie se ama a sí mismo. Es un hecho comprobado que nadie nace con la capacidad de amarse a sí mismo.

El psicoterapeuta alemán Dr. Guido Groeger resume los hallazgos de la moderna psicología en estas palabras: *"Parece ser ampliamente difundida la opinión de que todos se aman a sí mismos y que sólo es necesario recordar* constantemente a la gente que debe amar a otros.

Le corresponde a un teólogo decidir cómo deben interpretarse las palabras del Señor, "Ama a tu prójimo como a tí mismo": si se trata de un mandamiento y una afirmación o de un doble mandamiento.

En todo caso, el psicólogo debe subrayar el hecho de que no hay en el hombre un sentimiento innato de amor hacia sí mismo. O se adquiere la autoestima o de lo contrario no existe. El que no adquiere esta autoestima o no la alcanza en grado suficiente, no será capaz de amar a otros en absoluto, o lo hará en forma insuficiente. Lo mismo ocurriría en tal persona en cuanto a su relación con Dios.

Es cierto que los fundamentos de esta capacidad de aceptarse a sí mismo se elaboran en la temprana infancia. Pero también es cierto que el adulto necesita la seguridad que provee la estima y la aceptación, variando el grado de esta necesidad según las diferentes situaciones de su vida.

Por no dar a conocer esta verdad —especialmente en los círculos cristianos— se produce un tipo de cristiano que ama por obligación y que al hacerlo no sólo tortura a los otros sino a sí mismo.

A menudo, la elección de la profesión está impulsada por este amor deficiente. Uno espera satisfacer sus propias necesidades satisfaciendo las de los otros. Pero éste es un cálculo errado."[1]

Por otro lado, el filósofo católico Romano Guardini en su ensayo titulado La aceptación de sí mismo, escribe: "El hecho de la autoaceptación es la raíz de todas las cosas. Debo aceptar ser la persona que soy. Debo aceptar

vivir dentro de las limitaciones que se me han impuesto...
La claridad y el coraje de esta aceptación es el fundamento de toda la existencia."[2]

Si ambas afirmaciones son ciertas, si por un lado la
autoaceptación es el fundamento de toda la existencia y
por otro nadie nace con la habilidad de aceptarse y amarse a sí mismo, estamos frente a un verdadero desafío.
Una gran tarea se nos pone por delante, y cada uno debe
preguntarse:

¿Me he aceptado a mí mismo plena y completamente?
¿Con mis talentos? ¿Con mis limitaciones? ¿Con mis
peligros?

¿He aceptado mi destino? ¿Mi sexo? ¿Mi sexualidad?
¿Mi edad?

¿Acepto mi matrimonio? ¿Mis hijos? ¿Mis padres? ¿Mi
soltería?

¿Acepto mi situación económica? ¿Mi salud? ¿Mi
apariencia?

En síntesis, ¿me amo a mí mismo?

En nuestros días las palabras amor y aceptación se han
vuelto intercambiables, y hasta aquí los he usado como
sinónimos, porque creo que es una ayuda. Como la palabra *amor* se ha usado hasta el abuso y se ha vuelto vul-
gar y poco significativa, he usado la palabra *aceptación*
para evitar que entendamos el amor como algo meramente romántico, sentimental o sexual. Amar significa
aceptar al otro como realmente es.

Este era precisamente uno de los problemas de la estudiante que nos visitó en el hotel. No podía llevarse bien
con nadie, ni siquiera con sus compañeros de estudio, ni
con sus profesores, ni con sus vecinos, ni con su propia

familia. Estaba llena de hostilidad y crítica.

Cuando le pedimos una explicación se echó toda la culpa a sí misma. Dijo que se amaba demasiado, que pensaba sólo en sí misma y era una egoísta. Por esta razón no podía aceptar a los otros y amarles.

Tuvimos que contradecirla. Dijimos que la verdad estaba exactamente en lo contrario. Le resultaba difícil amar a otros porque no se amaba suficiente a sí misma. Es imposible aceptar al otro como es, si no nos hemos aceptado a nosotros como somos.

Amate a ti mismo. Esto arroja nueva luz sobre el mandamiento que Jesús enfatiza como siguiente en importancia al de amar a Dios: "Amarás a tu prójimo como a ti mismo" (Mateo 22:39; Marcos 12:31; Lucas 10:27).

La primera vez que encontramos este mandamiento en la Biblia es en Levítico 19:18. Además de los versículos arriba mencionados, este mandamiento se encuentra en otros tres pasajes cruciales en el Nuevo Testamento, y en cada caso resume suscintamente el pasaje en que se encuentra. Gálatas 5:14 resume "toda la ley" en una palabra: "Amarás a tu prójimo como a ti mismo". De la misma manera, Santiago 2:8 da este mandamiento como el cumplimiento pleno de la "regla de oro", y Romanos 13:9 lo da como la síntesis de todos los mandamientos. El mandamiento de amar al prójimo nunca se expresa sin el mandamiento de amarse a sí mismo.

Generalmente se da por sentado que todos se aman a sí mismos. Todos son egoístas. Se nos enseña que esto está mal; que en lugar de amarnos a nosotros mismos, deberíamos amar a nuestro prójimo. Sin embargo no es esto lo que dicen los versículos. No expresan "amarás a tu prójimo *en lugar* de ti mismo", sino "amarás a tu prójimo *como* a ti mismo". Amarse a sí mismo es entonces el requisito previo y el criterio para evaluar nuestra conducta hacia nuestro prójimo. Es la vara que nos da Jesús para medir nuestro amor hacia los otros.[3]

Encontramos que la Biblia confirma lo que la psicología moderna ha descubierto recientemente: sin amor hacia uno mismo no puede haber amor hacia otros. Jesús hace equivaler estos dos sentimientos y los une, haciéndolos inseparables.

El problema es cómo Jesús podía asumir que en sus oyentes esta autoestima estaba naturalmente presente, cuando el Dr. Groeger dice que debe ser adquirida. Parte de la respuesta puede estar en el hecho de que la gente de la época de Jesús era más serena y menos neurótica que el hombre moderno. Encontraban más fácil adquirir autoaceptación y amarse a sí mismos. Por lo tanto, Jesús podía dar por sentado que sus oyentes habían aprendido a aceptarse a sí mismos hasta un grado que la gente de hoy tiene aún que aprender. Lo que se aceptaba como una característica natural en ese tiempo es algo que al hombre moderno le cuesta mucho adquirir.

¿Será entonces que la dificultad de amarnos a nosotros mismos es otro de los subproductos negativos de nuestra llamada civilización?

Al escribir esto no puedo evitar de pensar en muchos de mis amigos africanos. Al parecer a ellos les resulta mucho más fácil aceptarse a sí mismo que a nosotros los occidentales. Recuerdo particularmente a uno de mis mejores amigos, un africano algo bajo de estatura. Una persona bien intencionada le sugirió una vez que usara zapatos con tacos más altos para parecer de más altura.

Esto fue casi una ofensa para mi amigo. ¿No lo había hecho Dios así? ¿Por qué debía intentar cambiar lo que Dios había creado? Se había aceptado a sí mismo como era y se amaba con la estatura que tenía. Estoy seguro de que esta total aceptación de sí mismo es una de las razones por las que me resulta tan buen amigo.

En el pasaje que describe la amistad entre David y Jonatán, encontramos una frase que obliga a pensar: "lo amó Jonatán como así mismo" (1 Samuel 18:1). Esto no se escribió como una crítica de que Jonatán debía dejar de amarse a sí mismo y transferir todo ese amor a David. Jonatán se amaba a sí mismo. No decía: "Tengo temor de mí; no valgo nada." Por el contrario, Jonatán se amaba a sí mismo y eso lo capacitaba para tener una profunda amistad.

Yo me pregunto: ¿Amo a mi propia alma? ¿Le hablo alguna vez a mi alma como lo hizo David en el Salmo 103?: "¡Hola, alma, escucha! ¿Puedes oirme? Bendice a Jehová, oh alma mía, y no olvides ninguno de sus beneficios."

¿Todo lo que he expresado hasta aquí tiene algo que ver con el matrimonio? Por cierto que sí. Tiene absoluta relación. ¡En todo!

En su famoso pasaje acerca del matrimonio, (Efesios 5:21-33) el apóstol Pablo hace referencia por lo menos tres veces a la autoestima. En el versículo 28 leemos: "Así también los maridos deben amar a sus mujeres como a sus mismos cuerpos. El que ama a su mujer, a sí mismo se ama." Y el versículo 29 dice: "Porque nadie aborreció jamás a su propio cuerpo, sino que lo sustenta y lo cuida." "Finalmente el versículo 33 establece: "Cada uno de vosotros ame también a su mujer como a sí mismo…"

Debo admitir que había predicado muchas veces sobre este pasaje antes que me impactara esta afirmación rotunda, que suena tan absurda en nuestros oídos: "El que ama a su mujer, a sí mismo se ama." Esto evidentemente no quiere decir que todo el que ama a su esposa es un egocéntrico. Por el contrario, el que ama a su esposa prueba que ha adquirido autoaceptación y que ha aprendido a amárse a sí mismo. Es interesante que Pablo menciona explícitamente la dimensión física de la autoaceptación. "Los maridos deben amar a sus mujeres como a sus mismos cuerpos… porque nadie aborreció jamás a su propio cuerpo…"

De la misma manera en que la amistad de Jonatán y David me hace pensar "¿Amo a mi alma?", ahora debo preguntarme: "¿Amo a mi cuerpo?" "Me amo realmente a mí mismo, en cuerpo y alma?

Autoestima y egoísmo. Puedo imaginarme que muchos de los que han seguido mis reflexiones hasta aquí se han puesto algo nerviosos e incómodos. ¿No contradice esto a lo que se nos ha enseñado como buenos cristianos? Acaso no está escrito: "El que ama su vida la perderá" (Juan 12:25). "Si alguno viene a mí, y no aborrece… aun también su propia vida, no puede ser mi discípulo" (Lucas 14:26). "Si alguno quiere venir en pos de mí, niéguese a sí mismo."

En realidad, estamos tan imbuidos de la idea de la

autonegación, del autosacrificio y del temor a ser egocéntricos que el mandamiento de amarnos a nosotros mismos casi parece una blasfemia. ¿Cuál es entonces la diferencia entre autoestima y egoísmo, entre autoaceptación y egolatría?

Una de las dificultades radica en que el amor a sí mismo tiene dos significados. Puede aludir a la autoaceptación pero también al egocentrismo. Siguiendo esta línea, Josef Piper en su ensayo "Zucht und Mass", subraya: "Hay dos formas opuestas en las que un hombre puede amarse a sí mismo: negándose a sí mismo o centrándose en sí mismo. Sólo la primera forma contribuye a la autoafirmación, mientras que la segunda es autodestructiva."

Un ejemplo de la autoestima en el sentido negativo está ilustrado en la leyenda griega sobre Narciso. Narciso era un joven que quedó enamorado de sí mismo cuando contemplaba su reflejo en el agua. Tan absorto estaba en su propia imagen que cayó en el agua y se ahogó. La palabra *narcisismo* deriva de esta leyenda. Otro término griego que indica amor a sí mismo en este sentido es *autoerotismo*.

El amor a sí mismo usado en un sentido positivo de autoaceptación es exactamente lo opuesto del narcisismo o el autoerotismo. Es, de hecho, un requisito previo en el cambio hacia la negación de sí mismo. No podemos dar lo que no poseemos. Sólo cuando nos hemos aceptado a nosotros mismos podemos realmente negarnos a nosotros mismos y liberarnos de nosotros mismos. En cambio, si no nos hemos encontrado a nosotros mismos, si no hemos descubierto nuestra identidad, debemos buscarnos constantemente. La frase *centrado en sí mismo*, nos describe en forma adecuada cuando sólo damos vueltas alrededor de nosotros mismos.

Para decirlo directamente, *el que no se ama a sí mismo es un egoísta.* Se vuelve necesariamente egoísta porque no está seguro de su identidad y por lo tanto está continuamente tratando de encontrarse a sí mismo. Como Narciso, absorto por sí mismo, se vuelve egocéntrico.

En la novela *El lobo estepario*, que le valió el Premio Nobel a la Literatura en 1946, Hermann Hesse describe la intrincada relación entre la falta de autoestima (que él denomina auto-odio) y el egocentrismo (que él llama "egoísmo consumado") o la incapacidad de amar a otros. Dice acerca de Harry Haller, el héroe de la novela: *Por lo que se refería a los demás, a cuantos lo rodeaban, no dejaba de hacer constantemente los intentos más heroicos y serios para quererlos, para hacerles justicia, para no causarles daño, pues el "ama a tu prójimo" lo tenía tan hondamente inculcado como el odio a sí mismo. Y de este modo, fue toda su vida una prueba de que sin amor de la propia persona es también imposible el amor al prójimo, de que el odio de uno mismo es exactamente igual, y en fin de cuentas produce el mismo horrible aislamiento, y la misma desesperación, que el egoísmo más rabioso.*[4]

Esto aclara la lucha que libra el hombre moderno tratando de escapar de la soledad y la desesperación buscándose a sí mismo. En su búsqueda, Haller emplea muchos recursos tales como beber, comer en exceso, experimentar con el sexo y las drogas. Todas estas son expresiones de la falta de autoaceptación. Describen a los que buscan encontrar plenitud personal en forma fácil a través de las drogas, del alcohol, de la comida y el sexo. Esto conduce, sin embargo, a una insatisfacción más profunda aun y a una lucha interminable. La permanente búsqueda del hombre moderno es egocéntrica precisamente porque no se ama ni se acepta a sí mismo.

La autoaceptación excluye el egocentrismo. El amor "no busca lo suyo" (1 Corintios 13:5). El amor ya encontró lo suyo. Sólo podemos dar aquello que tenemos, sólo podemos perder lo que poseemos y "odiar" aquello que amamos. La palabra "aborrecer" en Lucas 14:26 no está usada en el sentido de una emoción. Es más bien la habilidad de liberarnos de las ataduras de nuestros propios deseos y necesidades. La autoestima es necesaria antes de que podamos liberarnos de nosotros mismos.

La autoaceptación significa que "me amo a mí mismo" y me capacita para volcar mi atención hacia afuera. El autoerotismo significa que "amo a mi yo", e implica que no soy capaz de mirar más allá de mí mismo. La autoestima debe adquirirse. El autoerotismo es innato.

Todos nosotros experimentamos la fase autoerótica antes de los cinco años de edad y una vez más con la llegada de la pubertad. Sin embargo, si nos quedamos en esta fase de egocentrismo, nunca podremos adquirir la verdadera autoestima.

El "enamoramiento" es una expresión emocional de la fase autoerótica. El adolescente a menudo tiene un ídolo del cual está enamorado y en quien proyecta su propia identidad. Ama la imagen de sí mismo que ve en la otra persona, del mismo modo que Narciso ama su reflejo en el agua. El sueño se hace trizas cuando percibe al ídolo desde un punto de vista realista y ya no resulta coherente con la imagen proyectada por el adolescente.

La masturbación es una manifestación física de la fase autoerótica. Es una expresión sexual inmadura que coincide con la pubertad y por lo tanto no debiera producir ansiedad. Desde el punto de vista físico, la masturbación no es perjudicial a la salud. Sin embargo, éste no es un argumento legítimo que pueda usarse para minimizar el daño que produce si se practica más allá de esta etapa.

Preocupa más el efecto que la masturbación pudiera tener sobre el desarrollo de la personalidad. Si una persona de más de veinte años todavía necesita masturbarse, puede ser un indicio de que ha quedado retenida en la fase autoerótica y no ha adquirido autoestima. El desarrollo de su personalidad queda obstaculizado porque está tratando de asumir simultáneamente los roles de dador y receptor. El que se ha aceptado plenamente no necesita masturbarse. Puede "liberarse de sí mismo" en el pleno sentido de la palabra. Es suficientemente maduro para amar.

Recuerdo a una pareja a quienes todos sus amigos consideraban generosos. El hogar de este matrimonio está abierto a todo tipo de personas necesitadas. Están siempre listos para ayudar y servir a otros.

Los conocí aun antes de que se conocieran entre ellos. Ambos procedían de familias muy estrictas y poco afectuosas, con padres exigentes, donde las palabras de alabanza eran escasas o no existían. Como resultado de ello, ambos desarrollaron una autoimagen muy pobre y luchaban con la masturbación como una sustitución por la falta de afecto. Para el joven, la masturbación se tornó un hábito casi diario.

Tan pronto como se enamoraron uno del otro, el hábito terminó de golpe, y ambos pudieron regresar desde ese callejón sin salida. No es que hubieran aliviado sus deseos sexuales por medio de las caricias o de las relaciones prematrimoniales, sino que abrieron mutuamente su mirada hacia los aspectos positivos de su personalidad. Se ayudaron el uno al otro a amarse a sí mismos. No me cabe la menor duda de que esta saludable autoestima que desarrollaron fue el secreto de su total falta de egoísmo.

Jesús y la autoaceptación. Cristo es el mejor ejemplo de la relación entre la autoestima y el desprendimiento, entre la autoaceptación y la autonegación. Jesús se conocía plenamente a sí mismo y estaba en armonía consigo mismo. Podía decir con total autoridad: "Antes que Abraham fuese, yo soy" (Juan 8:58). Y junto con el Dios que dijo: YO SOY EL QUE SOY (Exodo 3:14), Jesús declaró: "El Padre y yo uno somos" (Juan 10:30).

Es interesante notar que en el Nuevo Testamento las afirmaciones respecto a la autonegación de Cristo están precedidas por frases que se refieren a su identidad. Por ejemplo, antes de lavar los pies de los discípulos, hay una majestuosa declaración de su total autoaceptación: "Jesús (sabía) que el Padre le había dado todas las cosas en las manos, y que había salido de Dios, y que a Dios iba" (Juan 13:3).

La autoaceptación y la autoentrega están interrelacionadas. Jesús sabía quién era y aceptaba su identidad y su propósito. La autoaceptación era un aspecto intrínseco en su vida, que lo capacitaba para volcar su atención hacia afuera y amar verdaderamente a las personas con las que entraba en contacto. No necesitaba establecer por la fuerza su igualdad con Dios ni buscar a tientas su propia identidad. Más bien, "se despojó a sí mismo, tomando forma de siervo,... y estando en la condición de hombre, se humilló a sí mismo, haciéndose obediente hasta la muerte, y muerte de cruz" (Filipenses 2:7-8). Aquí también la autoentrega de Jesús está precedida por una afirmación respecto a su identidad: "siendo en forma de Dios" (Filipenses 2:6). Resumiendo, al amarse a sí mismo, Jesús se autonegaba y era capaz de amar a otros como se amaba a sí mismo.

"Eso es fácil para Jesús", quizás digamos, "pero, ¿quiénes somos nosotros?" Pablo enfrenta esta objeción diciendo simplemente: "Haya, pues, en vosotros ese sentir que hubo en Cristo Jesús" (Filipenses 2:5).

Si Jesucristo es nuestra vida, esto significa que la autoaceptación es realmente el "fundamento de toda existencia", como diría Guardini. Sin esto es imposible el discipulado. La obediencia a la autonegación presume la obediencia a la autoaceptación.

Aprendiendo a amarse a sí mismo. Si es cierto que la autoestima es el fundamento de nuestro amor hacia otros y si es cierto que no es una actitud innata sino adquirida, entonces debemos enfrentar una importante pregunta: ¿Cómo podemos aprender a aceptarnos, a amarnos a nosotros mismos?

En esencia, hay una sola respuesta a esa pregunta: debemos aprender a permitir que nos amen. Con esta afirmación quiero señalar que no es suficiente que nos ofrezcan amor. Es necesario otro paso: debemos aprender a recibir amor. Debemos aprender a aceptar la aceptación.

El otro día observé a una mujer que recibía un cumplido acerca de un bonito vestido que estaba usando. Se sacudió el cumplido de encima diciendo: "Ay, no es más que un vestido viejo que he tenido por años colgado en el ropero." Aun si fuera cierto —y es más probable que no lo fuera—, resultaba claro que no había aprendido el arte de aceptar el reconocimiento, de aceptar la aceptación.

El ejemplo opuesto es el de una mujer que conocemos que lleva un diario de los acontecimientos gratos de la vida. Aquí también registra los cumplidos que recibe de los miembros de la familia o sus amigos. Un ejemplo: un día su hijo de cuatro años le dijo: "Eres la mejor mamá del mundo." Cada vez que se siente decaída o deprimida, simplemente abre el libro para darse ánimo.

Me parece que por una equivocada interpretación de la modestia y la humildad cristianas, somos proclives a rechazar todas las expresiones de alabanza. Hasta llegamos a desconfiar de aquéllos que nos alaban y a dudar de los motivos que esconden detrás de sus afirmaciones. Desanimamos a aquéllos que nos alaban hasta que renuncian a expresarnos su amor. De esta manera nos privamos de la experiencia de ser amados, que es tan necesaria si queremos aprender a amarnos a nosotros mismos.

Martín Buber dijo: "El hombre sólo llega a sí mismo a través de otro." Miguel Angel escribió a la mujer que amaba las siguientes palabras: "Cuando soy tuyo, recién entonces soy completamente mío." Al menos en lo que concierne al matrimonio, sería totalmente justificable modificar la expresión de Pablo en Efesios 5:28, para decir: "Aquél que es amado por su esposa, aprende a amarse a sí mismo".

La primera oportunidad que tenemos en la vida para experimentar lo que es ser amados, se da cuando somos amamantados por nuestra madre. Aquí se satisfacen plena e incondicionalmente nuestras necesidades físicas y emocionales. Un bebé simplemente succiona, succiona y succiona, y no se le exige nada a cambio. Aquéllos que han sido privados de esta experiencia como criaturas, encontrarán quizás, más tarde en la vida, relativamente difícil establecer el fundamento para la autoestima y la autoaceptación.

Desafortunadamente la práctica de amamantar fue descuidada durante muchos años, hasta el punto de que ni siquiera los médicos la recomendaban. Esto podría explicar el creciente número de personas que hoy buscan satisfacción oral a través de la bebida y el cigarrillo.

El fumador empedernido no es ciertamente el hombre viril que intenta representar. El cigarrillo colgado de los labios de una mujer no significa que sea una mujer emancipada del hombre. Por el contrario, la adicción a la nicotina o al alcohol quizás indica un fallido intento de procurar un sustituto del pecho materno, que le fuera negado en la infancia. Puede expresar el anhelo de ser amado, y llegar así a amarse a sí mismo.

Sin embargo, como ha señalado el Dr. Groeger, ser aceptado y amado no sólo es importante en la infancia y en la niñez, sino a lo largo de toda la vida. También lo necesitamos como adultos. Todos sabemos cómo nos estimula una palabra de reconocimiento o aprobación en nuestro trabajo diario. Nadie puede trabajar sin recibir alguna aprobación de vez en cuando. Es tan necesario como el pan en la vida cotidiana —quizás más aun para los hombres que para las mujeres.

¿Por qué? No lo sé. Pero es un hecho que el ego masculino es más débil que el ego femenino. Quizás sea porque el hombre estaba en el rol de receptor desde el comienzo mismo —como lactante. Quizás sea porque a las mujeres les resulta más fácil llamar la atención porque *son* más hermosas.

Recientemente estuve observando a unos adolescentes en un campamento de verano. Vi con qué facilidad las chicas atraían con sus siluetas bonitas, su peinado y su maquillaje. Los muchachos de 16 años, con sus rostros granulientos, vaqueros ordinarios y remeras no constituían un espectáculo tan agradable. Percibí cuánto añoraban estos muchachos recibir reconocimiento y admiración. Creo que muy pocas mujeres advierten hasta qué punto un hombre depende de la alabanza de la mujer, más aun de lo que la mujer depende del hombre.

Estas diferencias son relativas, de todos modos. Todos nosotros necesitamos el "pan cotidiano" de la alabanza, y esto es lo que nos privamos mutuamente. Somos rápidos para criticar a otros pero lentos para alabarlos. A menudo sólo expresamos observaciones negativas y de esta manera destruimos la autoconfianza de aquéllos que nos rodean. Las iglesias no son una excepción en este sentido.

Tal ambiente negativo fomenta el desarrollo de la personalidad que el Dr. Groeger describe como aquél que "ama por obligación", cuyo amor no surge de la alegría sino que se lo fuerza, o como dijo Hermann Hesse, resulta de un "heroico y sincero esfuerzo".

¿No hemos estado nosotros mismos en esta situación de vez en cuando? No tenemos deseos de amar, pero nos decimos constantemente: "Debo amar, debo amar, ¡debo amar!" Es como hacer gimnasia espiritual en un esfuerzo por agradar a otros y a Dios. Pero todos sabemos lo que ocurre con los ejercicios físicos. Por un breve tiempo podemos levantarnos, pero llega inevitablemente el momento en que se nos agota la fuerza y tenemos que renunciar. Es como un auto que se queda sin nafta. Lo puedes empujar un trecho, pero no llegarás muy lejos, especialmente si vas cuesta arriba.

Cuando estaba en Africa, uno de mis colegas misioneros construyó un molino de viento. Pensaba extraer agua de un profundo pozo aprovechando el poder del viento. La idea era brillante. Pero cuando no había viento no tenía agua, y un hombre en bicicleta tenía que producir la energía. Ya puedes imaginar cuánto demoró en cansarse.

Una persona que ama por obligación es como el hombre en la bicicleta. Trata de producir amor por su propio esfuerzo. No recibe energía de afuera. No puede amar porque no es amado ni alabado. Y por otra parte, no recibe amor ni alabanza, porque él no ama.

Un círculo vicioso. Lo que he descripto es realmente un círculo vicioso.

Somos incapaces de amar a otros porque no hemos aprendido a amarnos a nosotros mismos.

No podemos aprender a amarnos a nosotros mismos

porque no somos amados por otros o porque no somos capaces de aceptar su amor.

No somos amados por otros porque somos incapaces de amarlos o porque los amamos "por obligación"

No somos capaces de amarlos porque no hemos aprendido a amarnos a nosotros mismos.

Y así el círculo vicioso comienza una y otra vez.

¿Y qué pasa si nunca llega "una brisa desde afuera"?

¿Qué pasa con la persona que nunca ha sentido lo que es ser amado? ¿Qué sucede con la criatura que crece sin haber experimentado nunca el calor y la seguridad de un hogar afectuoso, de padres que se preocupan por él y le dedican su tiempo? ¿Y si luego en la escuela recibe reprobación y crítica, y otra vez lo mismo en el trabajo? ¿Qué le ocurre? Si es cierto que un hombre sólo llega a sí mismo a través del otro, ¿qué ocurre entonces con aquél que nunca ha estado en relación con "el otro"?

¿Está esa persona destinada a una vida de soledad y a una inútil búsqueda de autoaceptación? ¿No hay poder capaz de romper este círculo vicioso?

La ruptura desde afuera. Los psicólogos y los filósofos pueden fácilmente describir y explicar este círculo vicioso, pero no pueden ayudarnos a romperlo. No puede ser roto desde dentro. Debe ser quebrado desde afuera.

En Romanos 15:7, el apóstol Pablo señala esta fuerza externa: "Así pues, recíbanse los unos a los otros, como también Cristo los recibió a ustedes, para gloria de Dios" (V.P.).

Jesucristo es el poder externo que rompe el círculo vicioso. Ahora tenemos algo sólido sobre lo cual pisar. Jesucristo es el único que nos acepta tal como somos, plena e incondicionalmente, y por lo tanto hace posible que nos aceptemos a nosotros mismos y que nos aceptemos mutuamente.

Tomemos el bautismo como un ejemplo. Sin duda hay muchas preguntas importantes y justificables que pueden plantearse frente a la práctica del bautismo a los niños. Sin embargo, a través del bautismo se traduce claramente este mensaje: Dios me ha aceptado incondicionalmente antes que yo pudiera hacer nada para merecer su amor.

Martín Lutero, que había sido privado del afecto y el amor durante su infancia, luchó toda su vida con la autoaceptación. Para darse ánimo cuando se encontraba en la angustia de profundas dudas, garabateó en grandes letras sobre su escritorio: "He sido bautizado."

A través de Cristo, Dios tomó la iniciativa en el amor. El pronunció la primera palabra. El dio el primer paso. Por eso podemos amar: "Nosotros le amamos a él porque él nos amó primero" (1 Juan 4:19).

La pregunta es: ¿Qué significado tiene este hecho para mí? ¿Significa lo suficiente como para dejar de culpar a mi infancia o mi pasado o a otras personas por mi incapacidad de amar? ¿Puedo dejar de quedarme sentado en la silla de la autoconmiseración y dejar que el amor de Dios me transforme?

Los padres de una distinguida familia nos telefonearon. Su hijo estaba hospitalizado después de haber intentado suicidarse.

— Lo volveré a hacer otra vez —fue lo primero que nos dijo cuando mi esposa y yo lo visitamos.

— ¿Por qué?

— Soy un error, una equivocación, se supone que no debería existir.

Nosotros no entendíamos.

Lentamente afloró toda la historia. Había escuchado involuntariamente una torpe conversación entre sus padres y se había enterado que era un hijo no deseado. Su madre se había olvidado de tomar la píldora, y su padre en un acceso de furia se lo había recordado y la había culpado de ello.

Esta experiencia lo había destrozado. ¿Qué sentido, qué propósito podía tener su vida si en primer lugar se suponía que no debía haber vivido? Si sus padres no lo deseaban, ¿quién lo querría?

¿Dios? ¿Quiere Dios a los niños que nacen sin que debieran haber nacido? ¿Aun si sus padres no querían que naciera? Estas preguntas habían sido demasiado duras para él. De modo que había hecho sonar la alarma.

— Dios sí te quiere —le aseguramos.

— ¿Cómo lo saben? —Nos preguntó expresando duda y esperanza al mismo tiempo en su mirada.

— Dios mismo nació como un bebé no esperado —le contesté. Fue una incomodidad para sus padres; no estaba esperado ni planeado. No hubo acción humana comprometida en su venida a la existencia, menos aun el deseo humano. De hecho, toda su vida fue una persona no deseada, hasta que trataron de sacarlo de este mundo crucificándolo.

— Y sin embargo, —agregó mi esposa— nunca ha habido una criatura más querida ni amada por Dios y ninguna otra persona ha sido de tanta bendición para otros como él.

El rostro del muchacho expresaba sorpresa e incredulidad.

— Yo... ¿una bendición?

— Si, una bendición especial —le confirmamos.

Nunca habíamos visto tan claramente la irrupción de Dios en el círculo vicioso. El que fue totalmente rechazado acepta al que es totalmente rechazado. El Dios no querido quiere a aquellos que no son queridos. El Dios que no es amado ama a aquellos que no son amados. La encarnación define la verdadera humanidad del hombre. Por lo tanto hay aceptación para todos.

Oramos con el muchacho y fuimos testigos de cómo aceptaba la aceptación de Dios.

El amor es más que la aceptación. Hasta aquí he usado las palabras amor y aceptación como si fueran intercambiables. Pero ahora debo agregar que el amor es más que la aceptación.

Cristo nos acepta tal como somos: "El que a mí viene, no le echo fuera" (Juan 6:37). Pero cuando nos acepta no podemos permanecer como somos. La aceptación es sólo el primer paso del amor. Luego nos expone a un proceso de desarrollo. Ser aceptados por el amor de Cristo significa ser transformados.

En la cuarta tesis que clavó en la puerta de la Iglesia de Wittenberg, Lutero afirmó: "El amor de Dios no ama aquello que merece ser amado, sino crea aquello que merece ser amado". El amor de Dios no nos permite seguir siendo lo que somos. Es más que mera aceptación. Nos trabaja y nos forma, nos modela según la imagen que Dios se ha propuesto. Este es un proceso que dura toda la vida, y a veces es doloroso, ya que el crecimiento está relacionado con dolor. Dios dice: "Te acepto como eres, pero ahora comienza el trabajo del amor. Necesito tu cooperación, necesito tu estima."

Alguien me preguntó confundido: "¿No es eso una contradicción? Por un lado debo aceptarme a mí mismo como soy, debo estar de acuerdo con la persona que soy. Pero por otro lado debo actuar sobre mí mismo para cambiar y crecer."

Mi respuesta es: El amor de Dios no nos exime de la obligación de trabajar sobre nosotros mismos, pero hace posible este esfuerzo, lo hace promisorio y factible. Dejar que Dios me acepte y aceptarme a mí mismo no significa sentarme pasivamente y decir: "Soy así y no puedo hacer nada por remediarlo." Significa más bien que debo permitir que el cincel del amor de Dios me modele. La auto-aceptación es simplemente el inevitable primer paso en un proceso de crecimiento.

El Dr. Teodoro Bovet escribe: "Si me amo a mí mismo en la forma adecuada, es imposible que me quede quieto. Por el contrario, quiero cambiar para llegar a ser lo que Dios desea que sea. En la misma forma debemos amar a nuestro prójimo.[5]

Algunos lectores han reaccionado contra mi libro *Yo quise a una chica* diciendo que yo no aceptaba a Francois, el joven con el que me carteaba, porque intentaba modificarlo. En realidad, sí lo aceptaba, como lo muestran las primeras cartas. Pero luego lo desafié a cambiar hábitos precisamente porque lo amaba. El amor es más que la aceptación. Queremos que nuestro prójimo llegue a ser todo lo que Dios quiso que fuera.

2 Las consecuencias de no amarse a si mismo

Si no nos amamos a nosotros mismos en la forma adecuada, entonces es imposible que crezcamos y nos convirtamos en las personas que Dios quiere que seamos. Hay muchos problemas que se derivan de la falta de autoestima. Ya he mencionado la búsqueda de autoidentidad a través de la bebida, la comida, las drogas y las experiencias sexuales. Pero la falta de autoestima también tiene otras consecuencias.

La elección autoerótica de la profesión y de la pareja. La elección de carreras orientadas hacie el servicio puede estar motivada por la necesidad de ser necesitado. A menudo surge de un intento inconsciente de subsanar una carencia de amor. Colocándose en una posición en la que se es necesitado por otros, la persona falta de afecto intenta llenar su propia necesidad y reforzar su propia autoimagen.

Sin embargo, como señala el Dr. Groeger, éste es un cálculo errado. Tal ayudador no puede ayudar realmente, porque él necesita al necesitado más de lo que el necesitado lo necesita a él. Puede que lo necesite a tal punto que cuanto más trata de ayudar más se enreda consigo mismo y por lo tanto es incapaz de comprender realmente al otro.

La elección de la pareja también puede ser un intento de compensar la falta de afecto. Tal elección siempre desembocará en un matrimonio difícil. Aquél que no puede amarse a sí mismo confrontará a su esposa con exigencias insaciables y anhelará el amor del otro sin ser capaz ni estar dispuesto a dar algo a cambio. Por cruel que parezca, el matrimonio no es un sanatorio para lisiados en el amor. La falta de amor no puede ser resuelta simplemente por casarse.

El rechazo del cuerpo. Si no soy capaz de aceptarme a mí mismo, tampoco soy capaz de aceptar mi cuerpo. La aversión hacia el cuerpo es siempre un síntoma de baja autoestima. El que no se ama a sí mismo, tampoco ama a su cuerpo.

En su libro *A Place for You* (Un lugar para ti), el Dr. Paul Tournier cita ejemplos de esa actitud negativa hacia el cuerpo. Me recuerdan nuestra experiencia con la estudiante escandinava que cité al comienzo de este libro.

Una bonita mujer me confiesa que lo primero que hace al llegar a la habitación de un hotel es dar vuelta todos los espejos hacia la pared. Otra me dice que jamás ha sido capaz de mirarse a sí misma desnuda sin sentir vergüenza. "Este cuerpo que tengo -agrega- es mi enemigo".[6]

Estas mujeres no podían aceptar sus propios cuerpos porque eran incapaces de aceptarse a sí mismas.

Tal rechazo del propio cuerpo tendrá, por cierto, efectos negativos sobre el matrimonio. Como ya he mencionado, el apóstol Pablo enfatiza en Efesios 5 la dimensión física de la autoaceptación. Los problemas matrimoniales en el aspecto sexual están generalmente relacionados con el hecho de que al menos un miembro de la pareja tiene dificultad para aceptar su propio cuerpo.

¿Será ésa la razón por la que tantos cristianos no logran alcanzar la armonía sexual en el matrimonio? Muchos cristianos parecen tener la impresión de que sus relaciones físicas, si no son "mundanas" o pecaminosas, al menos son menos buenas a los ojos de Dios que su comunión espiritual. No resulta extraño que una actitud tan poco sana hacia sus cuerpos afecte su armonía física.

En los círculos donde se enfatiza constantemente la pecaminosidad del hombre y en consecuencia se degrada la autoestima normal como un orgullo pecaminoso, se puede comprobar que se genera un profundo desprecio y aun aversión hacia el cuerpo. Es difícil imaginarse a los adherentes de tal teología uniéndose a un club deportivo, menos aun asistiendo a clases de danza, aunque esto pudiera ser una ayuda decisiva para desarrollar una positiva autoimagen de su cuerpo y superar esta neurosis específica.

Como escribe el Dr. Tournier:

"La gimnasia, y especialmente la danza, el canto y todas las artes de expresión corporal tienen gran valor terapéutico. No es cuestión de aceptar de mala gana que uno tiene un cuerpo sino de redescubrir su valor, de usarlo como una genuina manifestación de la personalidad y de tomar conciencia una vez más de su significación espiritual. El cuerpo es el lugar del amor. El acto sexual no es meramente la expresión de los sentimientos, sino la sublime entrega de uno mismo, un verdadero pacto espiritual.[7]

Una ayuda adicional para la mujer, soltera o casada, que desea aprender a amar a su cuerpo y amarse a sí misma es aprender a vivir conscientemente en armonía con su ciclo menstrual. El ciclo es tan particular e individual como la impresión digital. Es por esto que el conocimiento íntimo de sus característicos individuales puede ayudar a la mujer a encontrar su propia identidad.[8]

El aborto y la hostilidad hacia los hijos. Viajando por distintos países impacta la creciente hostilidad hacia los hijos que se percibe, en todo el mundo. Llama la atención que esta actitud no prevalece tanto en los países detrás de la Cortina de Hierro ni en el Tercer Mundo, como especialmente en el así llamado Mundo Occidental y Cristiano.

Recuerdo cuando vinimos de Africa a Alemania, con cinco hijos en edad preescolar y primaria; fue casi imposible encontrar donde vivir, un lugar donde los niños pudieran jugar y un sitio donde pasar las vacaciones juntos. En Finlandia conocimos parejas jóvenes con dos hijos que hubieran deseado tener un tercero (¡y no hay ninguna superpoblación en Finlandia!) pero temían sufrir el ostracismo de la sociedad. En América del Norte también hemos conocido mujeres que se avergonzaban al quedar embarazadas por tercera vez.

Creo que hay una estrecha relación entre la falta de autoestima, la aversión hacia el cuerpo y la hostilidad hacia los hijos. Engendrar hijos es un aspecto de la dimensión física de la vida. El que no tiene una relación positiva con su cuerpo encontrará difícil tener una relación positiva con la criatura que es el fruto de su cuerpo.

Me pregunto si no reside aquí una de las raíces más profundas del aborto. ¿Será ésta otra consecuencia de la falta de autoaceptación que se expresa en un acto agresivo contra el fruto aún no nacido del cuerpo? ¿Puede realmente amarse a sí misma una mujer que desea abortar a su hijo? De otro modo, ¿cómo podría actuar tan egoístamente?.

Gula e inanición. Parece extraño, pero creo que así como el hombre necesita más reconocimiento personal, a la mujer le cuesta más desarrollar una actitud positiva hacia su cuerpo. En las muchas entrevistas que tenemos con mujeres de baja autoestima, mi esposa y yo hemos descubierto dos síntomas que se repiten con frecuencia: estas mujeres comen o demasiado o menos de lo que deben. Ambos, la gula y la inanición, son expresiones de una misma enfermedad: falta de autoestima.

La falta de autoestima crea un vacío. Comer en exceso o emborracharse son futiles intentos de llenar ese vacío. Por otro lado, comer menos de lo necesario, negándole al cuerpo lo que necesita, puede encubrir el intento de castigar y negar al ser que se desprecia. Sí, puede ser una forma de decir: "Me gustaría librarme de mí mismo, terminar conmigo mismo."

Pero la verdadera liberación de uno mismo, el verdadero "desprendimiento" no se puede obtener a tan bajo precio. Sólo puede alcanzarse mediante el proceso más largo y costoso de aprender la autoaceptación.

La expresión final de ese deseo de librarse de uno mismo, evitando la ruta de la autoaceptación, es el suicidio. El suicidio es la expresión extrema de la hostilidad hacia el cuerpo y la falta de autoaceptación.

Miedo. Cualquiera que toma el drástico paso final del suicidio demuestra que teme más a la vida que a la muerte. El miedo es también un resultado de la falta de autoestima.

"El amor no busca lo suyo", escribe Pablo en 1 Corintios 13:5. Pero el que no sabe qué es el amor y no puede amarse a sí mismo, debe "buscarse" siempre a sí mismo, constantemente perseguido por el temor de que quizás nunca descubra aquello que está buscando. Consecuentemente, la persona egocéntrica tiende a ser aprehensiva. Gira en torno a su propio eje, perdiendo de vista todo lo demás salvo su propia persona y sus propios intereses. En tal persona se instala el temor. El egoísta se siente inseguro, desprotegido y a merced de un mundo cruel y falto de afecto. Se aferra de sí mismo defensivamente, temeroso de que si no lo hiciera provocaría la derrota y la destrucción de su persona.

Precisamente por estar tan relacionados el temor y el egocentrismo, estamos tan susceptibles a una variedad específica del temor que está especialmente difundida en el mundo de hoy, y que es el temor al fracaso. Este es un subproducto lógico de la idolatría que el hombre moderno dispensa al éxito. Desde la más temprana infancia se nos trina en la filosofía de que el rendimento determina el valor. Cuando una máquina deja de producir, se la descarta. De la misma manera, cuando una persona no produce al nivel que se esperaba de ella, se la considera inútil. Nuestra sociedad no tiene lugar para los "fracasos" y por eso condena al ostracismo a los que no alcanzan el éxito.

Un descastado no puede amarse a sí mismo. Aquél a quien la sociedad juzga carente de valor, no puede adquirir el sentimiento de autorespeto y propia estima que una persona necesita para poder vivir.

Una vez más encontramos la relación entre la falta de autoestima y el suicidio. El suicida potencial se siente atrapado entre su temor al fracaso y su propio egocentrismo. De allí concluye que la única forma de librarse de ese temor es librarse de sí mismo.

Pero el suicidio no es la solución. La respuesta es aprender cómo vivir con el temor.

En este sentido, una frase de Jesús ha sido de mucha ayuda para mí: "En el mundo tendréis aflicción; pero confiad, yo he vencido al mundo" (Juan 16:33). La palabra griega para aflicción transmite precisamente la idea de "estar presionado", "estar atrapado". La traducción alemana usa la palabra *Angst*. Es la misma raíz que encontramos en "ansiedad" y "angustia". Viene de *Enge* y significa "derecho", "angosto", estar en un lugar estrecho, en un cuello de botella, acorralado. Todas estas expresiones describen eficazmente la experiencia del temor.

La mayor ayuda que da este versículo es que destruye el mito de que un cristiano no debe ser temeroso. Jesús lo establece sobria, realista y fácticamente: "En el mundo tendréis aflicción. En el mundo tendréis temor."

La primera ayuda para aprender a manejar el temor es dejar de luchar contra él. Mi propia experiencia durante la Segunda Guerra Mundial fue una tremenda escuela para aprender a vivir con el temor. En ocasiones tenía que vivir durante días y semanas con el temor de morir en cualquier minuto, casi en cualquier segundo. Cada vez que se oía el rugido de la artillería rusa, sabía que en los próximos segundos se decidiría si iba a vivir o a morir. Era un ejercicio ininterrumpido de aprender a vivir con temor.

Recuerdo que la primera ayuda fue que dejé de pelear contra el temor y aprendí a admitirme a mí mismo: "Walter, tienes miedo." En ese momento, el lazo tenso del temor se aflojaba y el miedo resultaba soportable. Sí, hasta constituyó una fuerza positiva al desafiar mi fe.

La fe no me liberó del temor, pero el temor me obligaba a creer. Cada vez que oía el rugido del fuego enemigo, me arrojaba en el pozo o en la cueva en la que estaba. En un acto de entrega a Aquel que ha vencido al mundo, decía: "Tú eres mi dueño". Sólo puedo expresarlo de una manera paradójica: aprendí a no tener miedo del miedo.

A esta altura es importante advertir que Jesús no dijo:

"Yo he vencido la aflicción. Yo he vencido el miedo." Dijo: "Yo he vencido al mundo." Esto nos da otra ayuda decisiva para tratar con el temor. No debemos atacar el temor en forma directa sino de manera indirecta, según la regla de la jugada del alfil en el ajedrez. El alfil no puede atacar a su oponente de frente, sino por la diagonal. De la misma manera, sólo podemos enfrentar al temor en forma indirecta, en un acto de entrega a Aquel que ha vencido al mundo, incluyendo a nuestra sociedad orientada al éxito y carente de misericordia.

Aquí está nuestra esperanza y nuestro consuelo: Aquel que venció al mundo también tuvo temor. Vivió tales angustias que "era su sudor como grandes gotas de sangre" (Lucas 22:44). Por el poder de sus temores, Cristo nos da fortaleza para vivir con el temor, sin temerlo, sí, y regocijarnos en medio del temor y la tribulación. "Pero tened buen ánimo, yo he vencido al mundo" (Juan 16:33, VHA).

Con la palabra "buen ánimo", sin embargo, pongo el dedo en otra llaga. Quizás la falta de alegría sea la manifestación más común de la falta de autoestima que advertimos hoy. Por lo tanto la última parte de este libro se dedicará a este problema.

3 La depresión y cómo superarla

En última instancia, creo que la depresión es también el resultado de la falta de autoestima.

Es impresionante ver cuánta gente deprimida hay. Es más asombroso aun ver cuántos cristianos deprimidos hay. No estoy hablando aquí de cristianos superficiales que carecen de una fe vital y de profundidad espiritual. No, estoy pensando en muchos creyentes sinceros que viven una vida de relación personal con Jesucristo y que a pesar de ello tienen que luchar una y otra vez con profundas depresiones.

En la raíz de toda depresión está la sensación de haber perdido algo. Las circunstancias externas pueden causar depresión: la pérdida de bienes materiales, la pérdida de confianza, la pérdida de la salud, la pérdida de un ser amado, la pérdida del respeto propio debido a la culpabilidad, la pérdida de una habilidad quizás como resultado de la vejez. Ante estas experiencias de pérdida reaccionamos con tristeza, con autoconmiseración, lamento, desconcierto, envidia, vergüenza o autodesprecio. Todos estos sentimientos fluyen juntos como pequeños arroyos en la corriente de un sentimiento generalizado de depresión.

Hoy están aumentando especialmente tres tipos de depresión. En primer lugar, la depresión que surge del agotamiento. La sufren especialmente los ejecutivos, las personas de éxito y las amas de casa muy exigidas. Experimentan la pérdida de la capacidad de alcanzar la perfección. A raíz del agotamiento, su sentimiento de competitividad y de que "el cielo es su límite" se desdibuja lentamente y los arroja a la depresión.

Otra causa específica de depresión es la producida por las mudanzas. Aun el hecho de reacomodar los muebles y volver a decorar puede producir la sensación de pérdida. Uno se siente como si lo sacaran de raíz y lo transplantaran y se está perfectamente consciente de que el hogar, las cuatro paredes que uno conocía tan bien, está faltando.

Por último está la depresión que produce la pérdida de una tarea o de una carga que debe llevarse. La depresión que produce la jubilación es uno de estos casos. Extrañamente ocurre que la depresión no nos acosa durante el tiempo que llevamos la carga sino en el momento en que se nos libera de ella. Cuando la tarea se ha completado, cuando se ha ganado la batalla, cuando se ha aprobado el examen, cuando la tensión se ha aliviado y el conflicto solucionado -entonces nos sacude la depresión en medio del cielo despejado. La pérdida de un dasafío, de un trabajo o una lucha nos precipita a un vacío doloroso.

La depresión también puede surgir sin que medie una causa externa evidente, atacando a la persona desde el interior. Se manifiesta ya sea como intranquilidad, nerviosismo o como inercia, lo que torna imposible cualquier acción constructiva. Esta "depresión desde adentro" generalmente está acompañada por atormentadoras auto-acusaciones y exagerados sentimientos de culpa. Aunque no pueda encontrarse la razón objetiva, la idea de ser inferior, pobre, pequeño, persiste y conduce a una total pérdida de autovaloración.

Esto explica por qué la persona deprimida es tan vulnerable e hipersensible cuando se enfrenta a la crítica. Se aferra y se sujeta a otras personas y añora desesperadamente ser reconocido y sentir la seguridad de ser amado para ser capaz de amarse a sí mismo.

La raíz más honda de la depresión es el sentimiento de haberme perdido a mí mismo y haber perdido la esperanza de encontrarme alguna vez. No hay nada en mí que merezca vivir. Cuando trato de amarme a mí mismo me sumerjo en un vacío.

Esto significa que la autoaceptación y la depresión están íntimamente relacionadas. La descripción que he realizado sobre las variadas formas de la depresión pinta vívidamente el egocentrismo que reconocemos como la consecuencia natural de la falta de autoestima. Por lo tanto, la mejor protección contra la depresión es aprender a amarnos a nosotros mismos, y a la vez la victoria sobre la depresión nos permite adquirir autoaceptación.

La depresión en la Biblia. Cuando se trata de superar la depresión resulta estimulante saber que la Biblia, ese libro tremendamente humano, entiende nuestros sentimientos depresivos.

Allí está la bien conocida historia del rey Saúl que a menudo era atacado por profundas depresiones y necesitaba que David, el pastor de ovejas, lo ayudara a relajarse tocando el arpa. "Entretanto, el espíritu del SEÑOR se había apartado de Saúl, y un espíritu maligno enviado por el SEÑOR, lo atormentaba... Así que, cuando el espíritu maligno de parte de Dios atacaba a Saúl, David tomaba el arpa y se ponía a tocar. Con eso Saúl recobraba el ánimo y se sentía mejor, y el espíritu maligno se apartaba de él". (1 Samuel 16:14, 23, VP).

En esta historia encontramos una valiosa sugerencia para contraatacar la depresión. La música comunica armonía y orden y por lo tanto puede curar una mente en desorden y disonancia.

La Biblia ofrece otro ejemplo en la historia de Nabucodonosor. Por haber desoído un sueño enviado por Dios previniéndole contra los delirios de grandeza y aconsejándole que se arrepintiera, Nabucodonosor cayó en una profunda depresión y vivió como un animal salvaje: "Fue echado de entre los hombres; y comía hierba como los bueyes, y su cuerpo se mojaba con el rocío del cielo, hasta que su pelo creció como plumas de águila, y sus uñas como las de las aves" (Daniel 4:33).

Nabucodonosor, sin embargo, nos relata cómo se sobrepuso a esta depresión y nos da otra sugerencia valiosa, la alabanza y la gratitud: "Mas al fin del tiempo yo Nabucodonosor alcé mis ojos al cielo, y mi razón me fue devuelta; y bendije al Altísimo, y alabé y glorifiqué al que vive para siempre" (Daniel 4:34).

Otro ejemplo del Antiguo Testamento es la historia de Elías en 1 Reyes 19. Llama la atención que la depresión lo atacó justamente después de una elevadísima experiencia espiritual, después de ganar una gran batalla del Señor. Sintiéndose físicamente exhausto, "se sentó bajo una retama. Era tal su deseo de morirse, que dijo: ¡Basta ya, Señor! ¡Quítame la vida, pues yo no soy mejor que mis padres!" (1 Reyes 19:4, VP).

Nuevamente, tenemos mucho que aprender de la forma en que Dios trató su depresión. Sin reprimendas, sin apelar a la voluntad; en cambio, un amor protector, descanso, comida, y caricias: "Y se acostó allí, bajo la retama, y se quedó dormido. Pero un ángel llegó, y tocándolo, le dijo: 'Levántate y come'. Elías miró a su alrededor y vio que cerca de su cabecera había una torta cocida sobre las brasas y una jarra de agua. Entonces se levantó, y comió y bebió; después se volvió a acostar" (1 Reyes 19:5, 6).

En el Nuevo Testamento, la figura destacada es la del apóstol Pablo. Por naturaleza, estaba sujeto a sufrir depresiones. En su libro *The Image of Jesus in the New Testament* ("La imagen de Jesús en el Nuevo testamento"), Romano Guardini retrata vívidamente este aspecto del apóstol. Debo admitir que Pablo llegó a ser más humano para mí a través de esta descripción. Guardini escribe acerca de Pablo: "Parece haber sido un hombre que atraía las dificultades, sobre quien la fatalidad se había derramado, un hombre atormentado... Sufría mucho, constantemente y en todas las situaciones."

Pablo era un discípulo rabínico, disciplina que le servía para nutrir sus tendencias perfeccionistas. Al menos entre líneas puede descubrirse la misma depresión que ataca a los buscadores de éxito cuando se enfrentan son sus propias limitaciones humanas y sus fracasos. "Porque lo que hago, no lo entiendo; pues no hago lo que quiero, sino lo que aborrezco, eso hago. Y yo sé que en mí, esto es, en mi carne, no mora el bien; porque el querer el bien está en mí, pero no el hacerlo. Porque no hago el bien que quiero, sino el mal que no quiero, eso hago" (Romanos 7:15-18-19).

Uno no puede menos que preguntarse: ¿Qué mal pudo haber hecho este hombre para hablar de esta forma? Walter Uhsadel, profesor de teología en la Universidad de Tubinga, comenta al respecto: "La vulnerabilidad interior de las personas deprimidas las hace ser más conscientes de sus fracasos y sufrir más esa opresión que otras personas." [9]

Enfocando los dos últimos capítulos de 2 Corintios, Uhsadel señala otro síntoma típico de la persona deprimida: el que Pablo demuestra al vacilar entre jactarse y menoscabarse. Simultáneamente, podemos percibir el hondo anhelo de Pablo de ser reconocido, apreciado y amado, tal como lo expresa en 2 Corintios 12:11: "Me he hecho un necio al gloriarme; vosotros me obligasteis a ello, pues yo debía ser alabado por vosotros; porque en nada he sido menor que aquellos grandes apóstoles, aunque nada soy."

Estoy consciente de que uno debe tener cuidado de no "psicologizar" las Escrituras. Pero creo que es precisamente la naturaleza sensible de Pablo lo que Dios usó para clarificar el carácter del ser humano y su relación con Dios.

Sin embargo, el libro de la Biblia en el que más identificado me siento es en el de los Salmos. Quien oró con las palabras del Salmo 31, por ejemplo, verdaderamente sabía lo que era la depresión:

Ten misericordia de mí, oh Jehová,
  porque estoy en angustia;
Se han consumido de tristeza mis ojos,
  mi alma también y mi cuerpo.
Porque mi vida se va gastando de dolor,
  y mis años de suspirar;
Se agotan mis fuerzas a causa de mi iniquidad,
  y mis huesos se han consumido.

(vv. 9-10)

Este es el sentimiento: me gasto, me consumo, "soy devorado". Me vuelvo cada vez menos; estoy desapareciendo. El tiempo se escurre sin finalidad ni propósito. Podemos visualizarlos: una multitud de cristianos suspirantes.

El salmista había experimentado mucho tiempo antes lo que la medicina psicosomática ha descubierto ahora. El cuerpo y el alma constituyen una unidad. El dolor del alma implica dolor corporal. La depresión del salmista ataca aun hasta sus huesos.

De todos mis enemigos soy objeto de oprobio.
Y de mis vecinos mucho más,
  y el horror de mis conocidos;
Los que me ven fuera huyen de mí.

Porque oigo la calumnia de muchos;
El miedo me asalta por todas partes,
Mientras consultan juntos contra mí
E idean quitarme la vida.

(vv. 11, 13)

Este es el sentimiento: estoy amenazado, trampeado. Sólo tengo enemigos. Todos están en contra mío; nadie me entiende. Nadie me acepta. Nadie me ama. No tengo más fuerzas para defenderme, no tengo más deseo para buscar amistad. Estoy desesperadamente solo.

He sido olvidado de su corazón como un muerto;
He venido a ser como un vaso quebrado.

(v. 12)

Este es el sentimiento: No puedo sostenerme, no puedo mantenerme. Me estoy derramando; todo se escapa de adentro mío y estoy perdiendo, perdiendo, perdiendo.

Ayuda para superar la depresión. La Biblia muestra claramente que Dios advierte que tenemos estos sentimientos y que nos entiende cuando los sentimos. Quizás este hecho ya nos permita obtener alguna ayuda en relación con las depresiones: no necesitamos estar avergonzados de nuestros sentimientos. No son una mancha en nuestra apariencia ni un descrédito al nombre de "cristiano".

Por otro lado, sin embargo, no debemos sentarnos en el banquillo de la autoconmiseración y lloriquear todo el día. Una ocasión en que mi esposa estaba algo deprimida le preguntó a uno de nuestros hijos adolescentes qué podía hacer. Después de unos instantes de reflexión, le dijo: "Por sobre todas las cosas, mamá, ¡haz algo! ¡No te quedes simplemente sin hacer nada!" Era esa justamente la recomendación que necesitaba en ese momento.

En cierta manera, cada uno es su mejor médico cuando se trata de curar la depresión. Conozco una mujer que a menudo sufre depresión sin que haya causas externas evidentes. Cuando se encuentra en este estado, no puede pensar ni actuar con claridad y objetividad, de modo que ha dispuesto para sí misma lo que denomina "equipo de emergencia para la depresión". Como si se tratara de una receta médica, ha escrito indicaciones para sí misma diciendo qué hacer cuando esté deprimida. En primer lugar, tiene una pequeña cajita con tarjetas que contienen versículos especiales de la Biblia que expresan promesas y garantías. Saca una tarjeta y la lee en voz alta. Luego, se hace una buena taza de té y la bebe lentamente mientras escucha algún disco preferido. También tiene a mano un buen libro que ha tenido muchos deseos de leer, pero que ha reservado para esta ocasión. Después llama a una amiga y combina la visita a ella con una caminata al aire libre.

¿Percibimos que debemos tener al menos una pizca de autoestima para poder elegir este método de atacar la depresión?

Ya he mencionado la infancia poco feliz y la crianza religiosa estricta que le produjo a Martín Lutero muchas dificultades para aprender a amarse a sí mismo. Amarse a sí mismo era para él la veta pecaminosa del hombre en su tendencia al egoísmo. Por lo que hemos aprendido hasta aquí en cuanto a la interacción entre la falta de autoesti-

ma y la depresión, no es de extrañar que Martín Lutero
fuera un hombre profundamente afectado por la depresión. Precisamente por haberlo vivido está en condi-
ciones de darnos buenos consejos. Me gustaría compartir
algunas de sus sugerencias, agregando mis comenta-
rios:[10]

1. Evita estar solo. Lutero dice que la soledad es
veneno para la persona deprimida, porque a través de la
soledad el diablo pretende retenerla bajo su poder.
"Hablen entre ustedes para que esté seguro de estar ro-
deado de personas", pidió Lutero en una de sus
"charlas". Seguramente era en un momento en el que se
sentía decaído.

**2. Busca personas y situaciones que produz-
can gozo.** La alegría siempre agrada a Dios, aunque no
sea de origen religioso. Disfrutar de una buena pieza te-
atral o de una película es tan legítimo como dar una larga
caminata por un bosque.

3. Canta y haz música. Aquí Lutero enfatiza el
compromiso activo necesario para que una persona haga
música por sí misma, más que el simple hecho de es-
cucharla. Una vez le aconsejó a un aristócrata abatido:
"Cuando estés triste y descorazonado, simplemente dí:
'¡Vamos, arriba! Debo tocar en el órgano una canción de
alabanza para mi señor'. La Escritura nos asegura que
Dios se deleita en el canto y en la música instrumental.
De modo que toca las teclas y entrégate a cantar hasta
que se pasen los pensamientos grises, como lo hacía David. Si el diablo continúa molestándote, reprímelo diciendo: 'Vete, Satanás, ahora debo cantar y tocar para mi
Señor Jesús.'" Otra vez, aquí Lutero se refiere no sólo a

la música religiosa sino a la música en general. Es realmente Dios quien escucha, y le damos gozo con nuestra ejecución, un gozo que regresa e ilumina nuestros propios abatidos corazones.

4. Descarta los pensamientos sombríos. Lutero nos previene contra el peligro de quedar absortos en pensamientos sombríos o de desesperanza que tienden a mantenernos en insomnio o atacarnos apenas nos despertamos por la mañana. Nos aconseja reirnos del diablo, reprenderlo, pero no darle entrada por ninguna chance. "Pero lo mejor sería negarse a luchar contra el diablo. ¡Desprecia los pensamientos depresivos! ¡Actúa como si no los sintieras! Piensa en otra cosa y dí: 'Está bien, Satanás, no me molestes. No tengo tiempo para ocuparme en tus pensamientos. Tengo que andar a caballo, tengo que salir de paseo, comer, beber y hacer otras cosas. Ahora debo estar alegre. Vuelve otro día.' ".[11]

5. Confía en las promesas de las Escrituras. Estimulan a nuestra mente a pensar en forma positiva, como lo hacía la mujer que tenía el "equipo de emergencia para depresiones". Los versículos que sabemos de memoria son los más útiles porque nos han ayudado en situaciones específicas. Son como cañas y cayados que nos confortan cuando caminamos por el valle de sombra de muerte, como dicen las palabras del Salmo 23.

6. Busca el consuelo de otros. En un estado depresivo, generalmente se hace una montaña de una topinera. Un amigo, en cambio, puede ver las cosas desde una perspectiva adecuada y reconocer el lado positivo que ahora no podemos ver. De la misma forma que es imposible levantarnos de un pantano asiéndonos de nuestros propios cabellos, necesitamos la ayuda de otros para rescatarnos del pozo de la desesperación. A la vez, debemos preguntarnos si somos el tipo de personas capaces de ofrecer ayuda a otros de la manera en que Dios envió ayuda a Elías: tocar, dar un abrazo afectuoso que infunda seguridad, buena comida, reposo en una habitación ordenada y silenciosa. Sí, hasta un ramo de flores puede ahuyentar la depresión.

7. Alabanza y acción de gracias. Estas son armas poderosas contra la depresión. Otra vez nos recuerda a Nabucodonosor, quien, al levantar los ojos hacia el cielo y alabar a Dios, se sobrepuso a la depresión que lo había apresado. Ayuda mucho leer una lista de cosas por las que uno está agradecido y alabar a Dios en voz alta por ellas.

8. Piensa en otras personas deprimidas. Esta sugerencia llama la atención de parte de Lutero, pero para mí tiene sentido. Saca a la persona de su pena egocéntrica en la que se siente como si nadie en el mundo hubiera sufrido tanto como él.

9. Ejercita la paciencia contigo mismo. La palabra *ejercita* es importante y sugiere la idea de práctica o entrenamiento. Algunas veces debemos resignarnos ante el hecho de que la vida contiene valles y desiertos que simplemente deber ser resistidos. Tal como cualquier habilidad requiere ser aprendida, debemos aprender cómo perseverar durante esos períodos de crisis personal.[12] Quisiera agregar una sugerencia de mi propia experiencia. La práctica de actividades físicas de cualquier tipo -aerobismo, danza o jardinería- son todos recursos excelentes para practicar la paciencia con uno mismo. Cualquier actividad que haga transpirar (no hay que olvidar el baño sauna tampoco) y que permita que la superficie del cuerpo "llore" produce una sorprendentemente rápida recuperación de la depresión.

10. Cree en la bendición que produce la depresión. También puede haber un lado positivo y fructífero en la depresión. Esta sugerencia final de Lutero contiene una intuición importante que quisiera comentar para concluir.

La gracia de la depresión. La palabra alemana para depresión es *schwermut*. *Schwer* puede significar "pesado" y también "difícil". *Mut* es la palabra para "coraje". De modo que la palabra *Schwermut* contiene un mensaje positivo. Significa el coraje de vivir con un corazón sombrío, el coraje de vivir con lo que es difícil.

Estar sumido en la depresión implica cierto coraje. Hay algo como la gracia de la depresión, una gracia que nos capacita para ser "fuertes", para vivir con lo que es difícil. Una vez le escuché decir a un psiquiatra de larga experiencia: "Todas las personas destacadas y valiosas tienen depresiones. Requiere cierta cualidad interior y profundidad mental estar deprimido. Los niños pequeños, cuyo desarrollo mental y emocional aún no ha alcanzado ese nivel, no pueden experimentar verdadera depresión.

El suicidio puede ser un síntoma de la falta de capacidad de la persona para estar deprimido.[13] Quizás sea más fácil para aquéllos que carecen de profundidad en su personalidad cortar el hilo de la vida. Aludiendo a este hecho, el filósofo Landsberg hizo un comentario que resulta más significativo cuanto más se lo analiza: "A menudo un hombre se suicida porque es incapaz de desesperarse." El suicidio aparece aquí como el resultado de la incapacidad de vivir la verdadera desesperación y resistir la depresión. El suicida carece del coraje para estar deprimido. En este contexto se entiende la sorprendente expresión de Lutero: "Cree en la bendición de la depresión".

Me parece que las personas creativas tales como artistas y músicos, tienden a ser más susceptibles a las depresiones, porque el "coraje de estar abatido" es un requisito previo para la productividad. No es una simple coincidencia que el poeta Rainer María Rilke, que busca el secreto de la creatividad con una pasión que excedía a la de sus contemporáneos, haya escrito en una carta desde Roma en mayo de 1904:

"Poco sabemos; pero que debemos mantenernos en lo difícil es una certeza que no nos abandonará. Estar solo es bueno, porque la soledad es difícil. Que algo sea difícil, debe sernos un motivo más para hacerlo.[14]

Nota que Rilke asocia la aceptación de lo que es difícil con la aceptación de la soledad.

En otra carta del 12 de Agosto de ese mismo año, Rilke señala que la depresión, al igual que la autoestima, nos transforma y nos cambia. Al leer estas líneas recordamos otra vez el consejo de Lutero a tener paciencia con nosotros mismos:

Así,... no debe alarmarse cuando una tristeza se eleve ante usted, tan grande como nunca haya visto; cuando

*una turbación pase como luz o sombra de nubes sobre
sus manos y sobre todo su hacer. Debe pensar que algo
en usted se verifica, que la vida no lo ha olvidado y que
lo tiene en la mano; ella no lo dejará caer. ¿Por qué
excluir de su vida una inquietud, un dolor, una melan-
colía, puesto que no sabe cómo trabajan en usted esos
estados de ánimo? Por qué acosarse con la pregunta: ¿de
dónde puede provenir todo eso y a dónde quiere ir? Pues
usted bien sabe que se encuentra en evolución y que nada deseaba tanto como transformarse. Si alguno de sus
procesos es enfermizo, piense que la enfermedad es el
medio por el cual un organismo se libra de lo extraño; es
preciso, entonces, ayudarlo a estar enfermo, a tener
íntegramente su enfermedad y a hacer que ella irrumpa,
pues esto constituye su progreso. En usted, querido Señor… ¡ocurren tantas cosas! Debe usted ser sufrido como
un enfermo y confiado como un convaleciente; porque
quizás sea usted ambas cosas.*[15]

El poeta Owlglass reproduce la siguiente conversación
entre dos amigos, uno de los cuales sufría una profunda
depresión. El primero pregunta: "¿Por qué está tan
deprimido, amigo mío?" El otro responde: "Desearía vo-
lar y dejar todas mis penas atrás. Estoy lleno de ellas y mi
corazón está sombrío por tantas cargas. ¿Por qué no
puedo tener el corazón liviano?" Su sabio amigo le responde con otra pregunta: "¿Por qué no tienes el corazón
vacío?"

Si pudiéramos elegir, ¿qué preferiríamos: el corazón liviano y vacío o el corazón cargado y lleno? Creo que
sería factible amarnos a nosotros mismos teniendo el corazón lleno, aun cuando lo tuviéramos pesado, mientras

que apenas podríamos amarnos a nosotros mismos si tuviéramos el corazón vacío.

Algunos lectores se habrán sentido perplejos cuando comenté la depresión del rey Saúl. Aquí la Biblia usa una expresión muy extraña. Describe la depresión como un "espíritu maligno de parte de Dios" (1 Samuel 16:23, VP). ¿Un espíritu malo de parte de Dios?

Sí, esta es doctrina bíblica auténtica: la depresión puede ser parte del plan de Dios. En la historia de Saúl, la depresión fue el instrumento que Dios usó para traer a David al palacio real. Creer en la bendición de la depresión significa reconocer que Dios usa aun la depresión para cumplir sus propósitos.

Evidentemente existe una depresión vinculada con Dios, una "tristeza que es según Dios", como la llama el apóstol Pablo, porque produce "arrepentimiento para salvación" (2 Corintios 7:10). O como lo traduce la *Biblia al Día:* "Dios a veces permite que nos vengan tristezas para impulsarnos a apartar del pecado y procurar la vida eterna."

Sin embargo, semejante transformación que permita obtener un fruto de la depresión no sucede por sí sola. Se requiere la obra de la fe para poder relacionar la depresión con Dios y recibirla de sus manos. De lo contrario, la transformación no tendrá lugar y la depresión se tornará "tristeza del mundo (que) produce muerte" (2 Corintios 7:10).

Esto es lo que finalmente ocurrió con Saúl. No logró relacionar el mal espíritu con Dios y cambiar su vida, sino que se enredó más y más con sus estados depresivos, hasta que la música dejó de aliviarlo y David se encontró en peligro: "Aconteció al otro día, que un espíritu malo de parte de Dios tomó a Saúl, y él desvariaba en medio de la casa. David tocaba con su mano como los otros días; y tenía Saúl la lanza en la mano. Y arrojó Saúl la lanza diciendo: Enclavaré a David a la pared" (1 Samuel 18:10-11). La depresión puede conducir al pecado si no la vinculamos con Dios. Puede producir una "tristeza del mundo" y generar muerte.

El ejemplo opuesto al de Saúl es la depresión de Jesús en el jardín de Getsemaní, cuando le dijo a sus discípulos: "Mi alma está muy triste, hasta la muerte" (Mateo 26:38). Pero a través de su oración logró relacionar su depresión con Dios y abrirse a una fuente de recursos que no venían desde dentro suyo. "Padre, si quieres, pasa de mí esta copa; pero no se haga mi voluntad, sino la tuya. Y se le apareció un ángel del cielo para fortalecerle" (Lucas 22:42-43).

Hay una depresión en medio de la cual podemos encontrar a Dios, en la cual estamos sostenidos por Dios. Esta experiencia nos da el coraje de amarnos a nosotros mismos *con* nuestra depresión y de estar alegres aun con el corazón cargado. Refleja una profundidad de fe que el apóstol Pablo expresó con una afirmación paradójica: "Nos recomendamos en todo como ministros de Dios... como entristecidos, mas siempre gozosos" (2 Corintios 6:4,10).

Cómo desearía que la joven que mencioné al comienzo y que no podía creer ni aceptar que era hermosa, leyera este libro. Quizás le ayudaría a obrar sobre sí misma y someterse al proceso doloroso-feliz de aprender a amarse a sí misma.

El día en que mi esposa y yo hablamos con ella no disponíamos de tiempo más que para iniciarla en el camino. Sin embargo, no la dejamos marcharse sin tomar una medida concreta: posamos nuestras manos sobre ella y la bendijimos en el nombre de Cristo.

Durante nuestro ministerio hemos experimentado vez tras vez la efectividad de esta acción durante el proceso de orientación. Es que sólo la orientación Cristocéntrica es una orientación centrada en el paciente.

No sabemos dónde está ahora esa hermosa joven. Pero aún recordamos las palabras que nos fueron dadas para ella. Fueron las mismas que las del apóstol Pablo citadas anteriormente. La bendijimos para que pudiera probarse a sí misma que era una sierva de Dios: entristecida, pero siempre gozosa.

Notas Bibliográficas

[1] Dr. Guido Groeger, carta inédita, 1967.

[2] Romano Guardini, *La aceptación de sí mismo*, Ediciones Cristiandad, Madrid,

[3] Compárese la exégesis de Levítico 19:18 de Martín Noth en *Das Alte Testament Deutsch*, Vandenhoeck and Ruprecht, Gottingen, 1962, p. 122.

[4] Hermann Hesse, *El lobo estepario*, Ediciones Quipos, Rosario, 1972, p. 20.

[5] Theodor Bovet, *Die Liebe ist in unserer Mitte*, Katsmann Verlag, Tubinga, p. 177.

[6] Paul Tournier, *A place for you*, Harper & Row, New York, 1968, p. 66.

[7] *Ibid.*, p. 67.

[8] Ver el capítulo 3, titulado "Viviendo en armonía con el ciclo y la fertilidad" del libro *La alegría de ser mujer y el papel del hombre*, por Ingrid Trobisch, Editorial Sal Terrae, Santander.

[9] Walter Uhsadel, "Der depressive Mensch in theologischer Sicht", en *Wegezum Menschen*, agosto de 1966, p. 313.

[10] Referencias tomadas de August Harderland, *Geschichte der Speciellen Seetsorge*, Alemania, 1893.

[11] Carta del 22 de noviembre de 1532 a Johannes von Stockhausen.

[12] Ver Walter Trobisch, *Spiritual Dryness*, InterVarsity Press, 1970.

[13] Ver Klages en *Wege zum Menschen*, op. cit., p. 226.

[14] Rainer María Rilke, *Cartas a un joven poeta*, Editorial Siglo Veinte, Buenos Aires, 1978, p. 87.

[15] *Ibid.*, p. 107.

amándome a mí mismo

cuando te amo más
de lo que me amo a mí mismo
en realidad te estoy amando menos

amándome menos de lo que te amo a ti
te hago más difícil
amarme a mí

tu amor por mí
depende totalmente
del amor que yo siento por mí

y mi amor por ti
será más fuerte
si te amas a ti mismo como me amas a mí

Ulrich Schaffer